Made in the USA
Monee, IL
03 October 2022

15122962R00066